Campeones del Super Bowl: Los Denver Broncos

Ala cerrado Shannon Sharpe

Quarterback **Drew Lock**

CREATIVE SPORTS

CAMPEONES DEL SUPER BOWL

LOS DENVER BRONCOS

MICHAEL E. GOODMAN

CREATIVE EDUCATION / CREATIVE PAPERBACKS

Publicado por Creative Education y Creative Paperbacks

P.O. Box 227, Mankato, Minnesota 56002

Creative Education y Creative Paperbacks son marcas editoriales de The Creative Company

www.thecreativecompany.us

Diseño y producción de Blue Design (www.bluedes.com)

Dirección de arte de Rita Marshall

Traducción de TRAVOD, www.travod.com

Fotografías de Alamy (Cal Sport Media, ZUMA Press, Inc.), Getty Images (George Gojkovich, James Balog/The Image Bank, Andrew D. Bernstein, Justin Edmonds, Grant Halvorson, Rod Hanna, Andy Lyons, Don Juan Moore, Doug Pensinger, Manny Rubio, Dilip Vishwanat)

Información del Catálogo de publicaciones está disponible de la Biblioteca del Congreso.

ISBN 978-1-64026-650-6 (library binding)

ISBN 978-1-68277-206-5 (paperback)

ISBN 978-1-64000-791-8 (eBook)

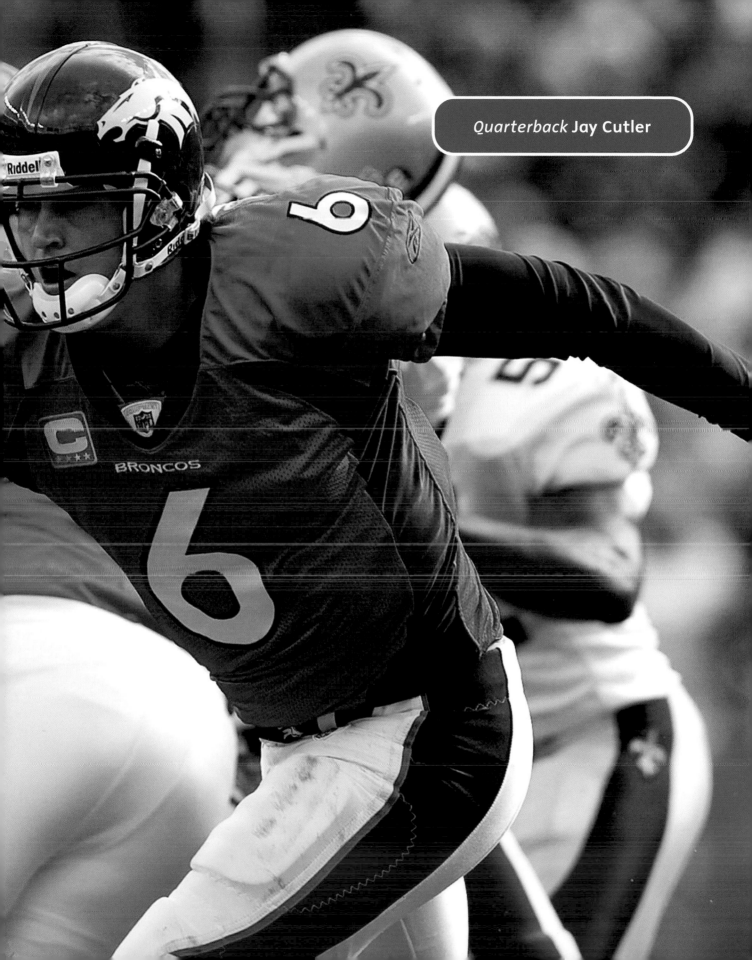

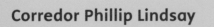
Corredor Phillip Lindsay

CONTENIDO

Hogar de los Broncos

La ciudad de Denver, Colorado, está cerca de las Montañas Rocosas. Muchas de las montañas tienen más de 13.000 pies (3.962,4 m) de altura. Denver es el hogar de un equipo de futbol americano llamado los Broncos. Ellos juegan en el Empower Field en Mile High.

Los Broncos son parte de la Liga Nacional de Futbol Americano (NFL). Uno de sus mayores **rivales** son los Kansas City Chiefs. Todos los equipos de la NFL intentan ganar el Super Bowl. El ganador es el campeón de la liga.

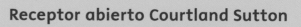

Receptor abierto Courtland Sutton

Elegirse el nombre de los Broncos

n 1960, Denver recibió un equipo en una nueva liga de futbol americano. Los aficionados participaron en un concurso para nombrar al equipo. El nombre ganador fue "Broncos". Un bronco es un caballo salvaje. Los fanáticos de Denver esperaban que sus jugadores fueran difíciles de domar por los demás equipos.

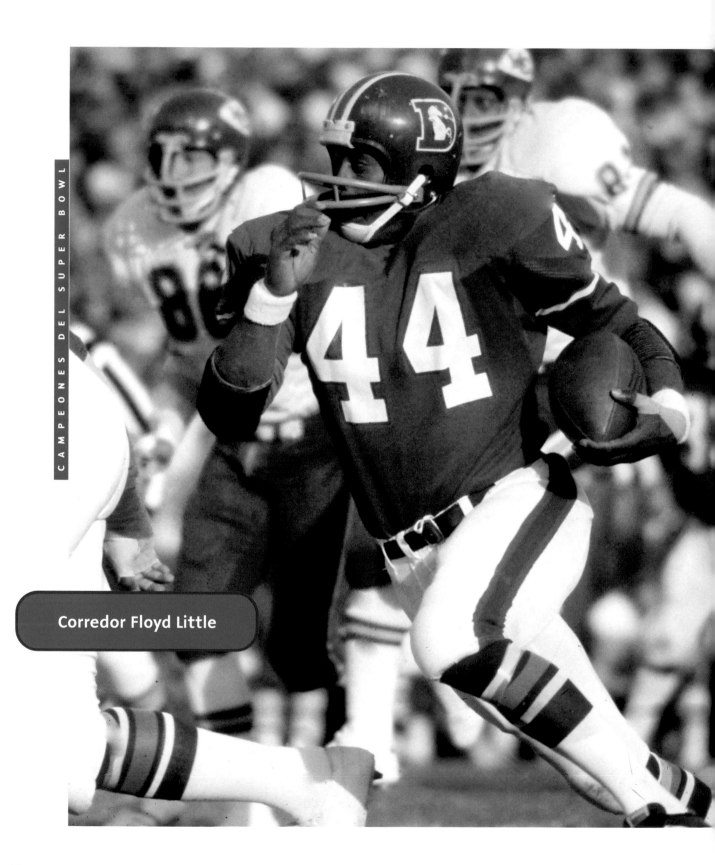

Corredor Floyd Little

Historia de los Broncos

Durante sus primeras 10 temporadas, los Broncos fueron parte de la Liga de Futbol Americano (AFL). No ganaron muchos juegos. Su mejor receptor de pases fue el veloz Lionel Taylor. Atrapó 100 pases en una sola temporada. El mejor corredor fue el corredor resbaladizo Floyd Little.

En 1970, los Broncos se unieron a la NFL. Jugaban en el **estadio** Mile High Stadium. Debido a la altitud del estadio, el aire tenía menos oxígeno. Los jugadores de los demás equipos tenían problemas para respirar. Esto le dio a los Broncos una **ventaja** sobre sus oponentes.

En 1977, los Broncos finalmente llegaron a las **eliminatorias**. Su fuerte **defensa** se llamó "Orange Crush". Aplastaban a sus oponentes. Los *linebackers* contundentes Tom Jackson y Randy Gradishar llevaron al equipo al Super Bowl. Pero los Dallas Cowboys vencieron a los Broncos.

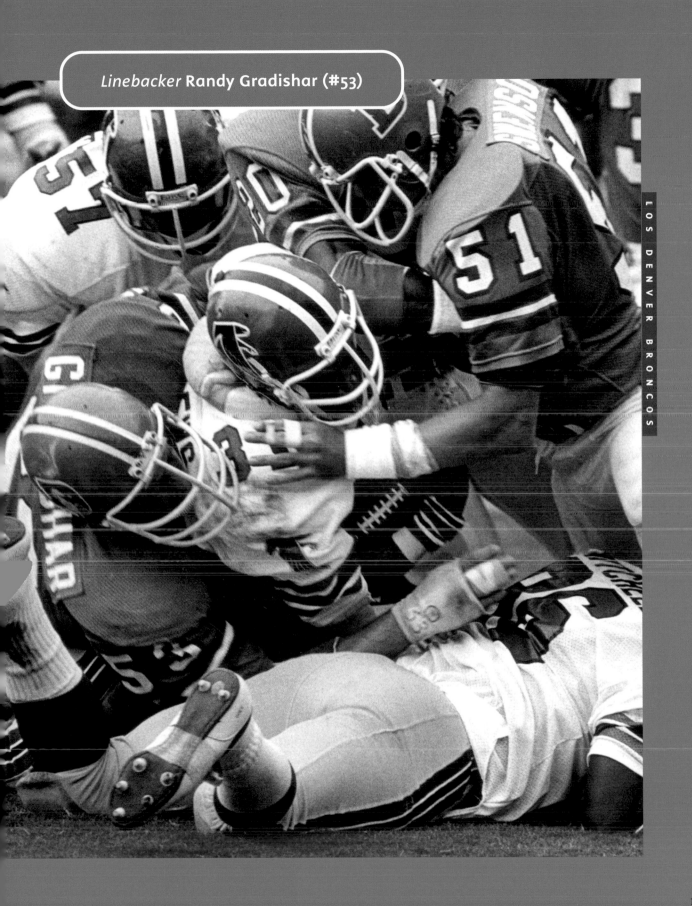

Linebacker **Randy Gradishar (#53)**

Quarterback John Elway

Los Broncos siguieron ganando después de eso. Llegaron al Super Bowl de nuevo en 1987, 1988 y 1990. Pero en las tres ocasiones perdieron.

En 1983, los Broncos sumaron al *quarterback* John Elway. Llevó a los Broncos a la victoria en los Super Bowls XXXII (32) y XXXIII (33) después de las temporadas 1997 y 1998. Elway fue nombrado el Jugador Más Valioso (MVP) del Super Bowl XXXIII.

Otras estrellas de los Broncos

Otras estrellas del Super Bowl fueron el corredor poderoso Terrell Davis y el veloz receptor Rod Smith. Davis anotó tres **touchdowns** en el Super Bowl XXXII. Smith superó a los defensores para anotar un touchdown de 80 yardas en el Super Bowl XXXIII.

Corredor Terrell Davis

Quarterback **Peyton Manning**

l veterano *quarterback* Peyton Manning se unió a los Broncos en 2012. Ya se había ganado un anillo del Super Bowl con los Indianapolis Colts. Ganó un segundo anillo cuando llevó a los Broncos a la victoria en el Super Bowl 50.

En 2019, los Broncos sumaron al *quarterback* Drew Lock. Los fanáticos esperan que él y el linebacker estelar defensivo Von Miller lleven a los Broncos a otro **título** pronto.

Acerca de los Broncos

Comenzaron a jugar: En 1960, en la AFL; se unieron a la NFL en 1970

. . . .

Conferencia/división: Conferencia Americana, División Oeste

. . . .

Colores del equipo: naranja, azul y blanco.

. . . .

Estadio: Empower Field en Mile High

. . . .

VICTORIAS EN EL SUPER BOWL:

XXXII, 25 de enero de 1998, 31-24 contra los Green Bay Packers

. . . .

XXXIII, 31 de enero de 1999, 34-19 contra los Atlanta Falcons

. . . .

L, 7 de febrero de 2016, 24-10 contra los Carolina Panthers

. . . .

Sitio web de los Denver Broncos: www.denverbroncos.com

. . . .

Glosario

defensa — los jugadores que intentan evitar que el otro equipo anote

eliminatorias — juegos que llevan a cabo los mejores equipos después de una temporada para ver quién será el campeón

estadio — un gran edificio que tiene un campo deportivo y muchos asientos para los aficionados

rivales — equipos que juegan extra duro unos contra otros

título — en los deportes, es otra palabra para un campeonato

touchdown — una jugada en la que un jugador lleva el bolón o lo atrapa en la zona de anotación del otro equipo para anotar seis puntos

ventaja — una mayor capacidad o ayuda

Linebacker **Todd Davis**

Índice